ホットサンド
はさんで焼くだけレシピ

JN038245

に

監修 西荻ヒュッテ

NISHIOGI
HÜTTE

主婦の友社

なんでも美味しくなる魔法の道具

ホットサンドメーカーに はさんで焼くだけレシピ

ホットサンドメーカー!

これほど便利な調理道具は、ない。

どんな料理も
美味しくできる!

[**ホットサンド**]
＋
[**料理**]

ホットサンドメーカーは、
ホットサンドはもちろん、
焼いておいしい料理を
上手に、簡単に仕上げます。

hot
sandwich
maker

**ホットサンドメーカーの便利さは、
鍋やフライパンでは対抗できない**

◎ホットサンドメーカーという調理
道具の最大の特徴は、底面とフタ
の面の両方を火に直接かけられる
こと。そのため、鍋やフライパン、トー
スターでは真似ができない味のホッ
トサンドができあがり、また、ほかの
調理道具より簡単に、さまざまな料
理が作れます。
◎コンパクトな姿も魅力のひとつ。
扱いがラクで、1人分の料理をさっ
と作るのにもぴったりです。

- ☐ 1人分を作るのにちょうどよい
- ☐ ひっくり返しの失敗しらず
- ☐ 圧をかけて、美味しさを凝縮
- ☐ あとかたづけがラク
- ☐ そのままアツアツの食器にも
- ☐ 手入れも収納も簡単
- ☐ どこにでも持ち運べる
- ☐ キッチンでも、アウトドアでも重宝

◉ この本で使っているホットサンドメーカー ◉

この本のレシピでは、3種類のホットサンドメーカーを使用しています。
それぞれに特長があるので、自分の好みに合わせたものを見つけてください。

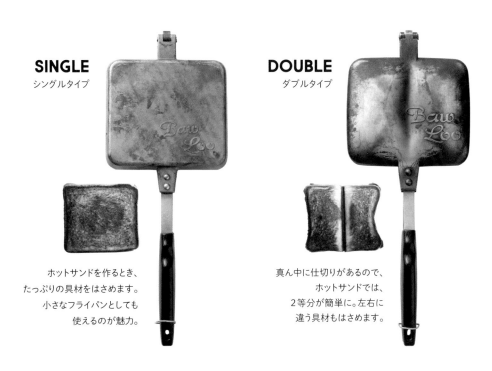

SINGLE
シングルタイプ

ホットサンドを作るとき、
たっぷりの具材をはさめます。
小さなフライパンとしても
使えるのが魅力。

DOUBLE
ダブルタイプ

真ん中に仕切りがあるので、
ホットサンドでは、
2等分が簡単に。左右に
違う具材もはさめます。

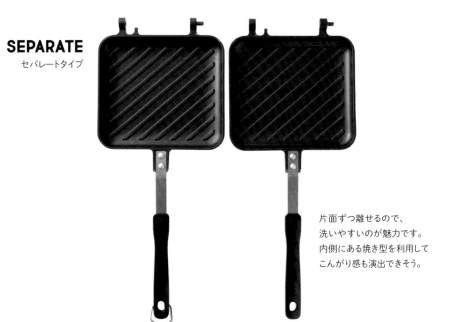

SEPARATE
セパレートタイプ

片面ずつ離せるので、
洗いやすいのが魅力です。
内側にある焼き型を利用して
こんがり感も演出できそう。

なんでも美味しくなる魔法の道具

ホットサンドメーカーに はさんで焼くだけレシピ

C O N T E N T S

Part ①

極上 ホットサンド のレシピ

11

【 この本のレシピのルール 】
① 小さじ1は5ml、大さじ1は15ml、1カップは200mlです。
② 電子レンジの加熱時間は、600Wタイプ使用の場合の目安です。500Wなら時間を1.2倍に、700Wなら0.9倍を目安にしてください。
③ ホットサンドメーカーの火加減と焼き時間は目安です。ときどき開けて、焼きめの具合を確認してください。

◎ 少しの手間でごちそうサンド

◎ はさんで焼いて、スイーツも！

Part ② ホットサンドメーカーで作るお手軽料理

57

◉ 極上ホットサンドの作り方 ◉

ホットサンドが評判の山小屋バルが美味しくなる秘訣を公開。
簡単ですが、人気店ならではのノウハウがいくつもあります。

How to make Hot Sandwich

 ⇒  ⇒  ⇒

1 食パン2枚のそれぞれ片面にマヨネーズをしぼります。耳の内側の縁を囲んでから、全面にしぼっていくのがコツ。

 マヨネーズを使うのは、パンと具材、2枚のパンの4辺を密着させるため。そして、油分のコクによって、耳も美味しく食べられるようにするためです。焼き上がると、マヨネーズの味はマイルドになります。

2 マヨネーズをしぼった食パン1枚の面に、できあがったときの切り口の断面の見え方を考えながら、具材をのせていきます。

3 もう1枚の食パンを具材の上にのせ、手で軽く押さえて落ち着かせます。食パン同士の向きを揃えると、見た目がきれいな仕上がりに。

 中の具材によって、また、ホットサンドメーカーによって、マヨネーズのしぼり方は3種類あります。

〈**A**〉パンの全面にしぼる

〈**B**〉パンの縁だけに
ライン状にしぼる
（シングルタイプの
ホットサンドメーカーの場合）

〈**C**〉縁と中央にも
ライン状にしぼる
（ダブルタイプの
ホットサンドメーカーの場合）

どれにするかは、P11〜のレシピを参考にしてください。

[マヨネーズのしぼり方 3タイプ]

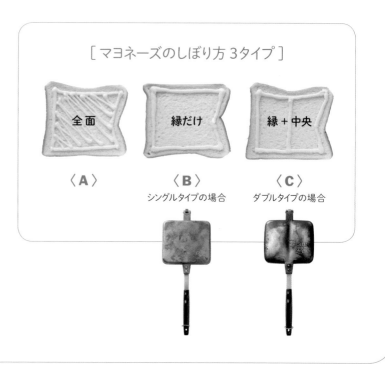

全面　　　縁だけ　　　縁＋中央

〈**A**〉　　〈**B**〉　　〈**C**〉
　　　シングルタイプの場合　ダブルタイプの場合

⇒  ⇒  ⇒

4 ホットサンドメーカーの両面の内側にバターを薄く塗ります。シリコンブラシを使うと、簡単です。

5 具材をはさんだ食パンをホットサンドメーカーに入れ、一度、両手で押さえてからホットサンドメーカーを閉じます。

6 コンロに火をつけ、焼いていきましょう。

POINT バターを塗るのは、カリッとした食感に焼き上げるため。香りも香ばしくなります。メニューによっては、ホットサンドメーカーの片面の内側だけに塗る場合、バターを使わない場合があるので、P11〜のレシピを参考にしてください。

POINT やや強めの弱火で片面3分焼き、返して3分焼くのが標準ですが、火加減は具材によっても変わるので、P11〜のレシピを参考にしてください。ときどきフタを開け、焼き加減を確認しましょう。

⇓

焼き上がり!

[この本では]

この本のホットサンドのレシピでは
① **食パン2枚分**の具材を示しています。
　具材ののせ順を番号で示していますので、参考にしてください。
② **ホットサンドメーカーの内側にバターを塗るステップは省略**しています。
　とくに説明のないレシピでは、上のステップ4のようにホットサンドメーカーの内側に薄くバターを塗ってください。
③ **マヨネーズのしぼり方**(左ページ)と、**焼き時間・火加減**は各レシピにアイコンで示しています。

《 焼き方 》

片面　　　　　反対面
弱火(やや強め)　弱火(やや強め)

ホットサンドにベストな食パンを選ぼう！

ホットサンドの魅力は、具材はもちろん、食パンの美味しさを楽しめること。選ぶときは、厚さと種類を基準にして、マイベストな食パンで作りましょう。

《西荻ヒュッテ》のキッチンで出番を待つ食パン

Bread thickness
ちょうどよいのは、四角いタイプの8枚切り

○ おすすめ

8枚切り

山型の食パンだとホットサンドメーカーに収まらないため、四角いタイプを使いましょう。8枚切りだと、どんな具材でもバランスよくできあがります。

✕ 薄すぎ

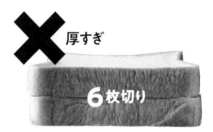

10枚切り

多くの具材を支えるには力不足。ホットサンドメーカーにはさんだときに隙間ができて、圧がかかりにくい。

✕ 厚すぎ

6枚切り

多くの具材をはさめないので、具材と食パンとのバランスがやや悪し。また、パンでおなかがいっぱいになってしまう。

Types of bread
具材によって種類を変えるのも楽しい

レーズンパン

スイーツ系のホットサンドにぴったり。鶏肉や豚肉を使った洋風のホットサンドにも意外とよく合います。

くるみパン

ハムとチーズのようなシンプルな具材だけで作るときに使うと、ナッツの香ばしさと食感がマッチします。

ライ麦パン

香ばしく、やや酸味を感じるパン。個性的なチーズ＆ソーセージ、クリームチーズ＆スモークサーモンなどと好相性。

全粒粉パン

サクサクとした食感が楽しめるパン。どんな具材でもぴったりです。普通の食パンが続いたときに、試してみて！

切り方

ホットサンドの仕上げは、切り方が命

ホットサンドの味わいは、食パン表面の焼きめだけでなく、
切り方や、切り口の美しさでも変わります。

How to Cut
切るのは、焼き上がり後、少し寝かせてから

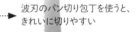

波刃のパン切り包丁を使うと、
きれいに切りやすい

1 焼き上がったホットサンドは、具材を落ち着かせるために、30秒〜1分ほど、まな板の上で寝かせておく。

2 片手で押さえながら、包丁をのこぎりのように水平に動かして切る。

Cutting Styles
切り方を変えて、新しい美味しさを見つけよう

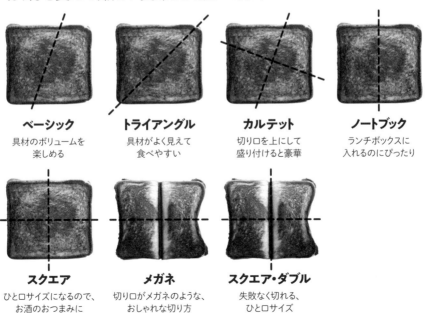

ベーシック
具材のボリュームを
楽しめる

トライアングル
具材がよく見えて
食べやすい

カルテット
切り口を上にして
盛り付けると豪華

ノートブック
ランチボックスに
入れるのにぴったり

スクエア
ひと口サイズになるので、
お酒のおつまみに

メガネ
切り口がメガネのような、
おしゃれな切り方

スクエア・ダブル
失敗なく切れる、
ひと口サイズ

この本でレシピを提供するのは
《 西荻ヒュッテ 》

東京・JR中央線「西荻窪」駅の南口にある、大人気の山小屋バル。
小さな酒場が立ち並ぶ横丁で、ひときわ賑わいを見せています。

◎店名に使われている『ヒュッテ』とは、ドイツ語(Hutte)で山小屋のこと。その名のとおり、山小屋のような出会いの場、語らいの場になり、飲むのが好き・美味しいものが好きな人々が自然と集まってくるこの店では、皆でキャンプや釣りに行く約束が交わされることもよくあります。

◎この本では、《西荻ヒュッテ》が提供してきた200品以上のホットサンドから、とくに厳選したレシピ＆本書のためのオリジナルなレシピ、そして、山小屋バルならではの、ホットサンドメーカーを活用した料理のレシピをお届けします。

Part : 1
極上ホットサンド のレシピ

Recipes of Hot Sandwich

おなじみの具材も、意外な具材も、なんでも美味しく焼き上げる、
ホットサンドメーカーを使うからこそのホットサンド・レシピ集。

あるもので作って、大満足
のっけてはさんで、焼くだけ!

サンドイッチの定番具材をホットサンドで
ツナサラダのサンド

【具材】
① きゅうり (長さ8cm×厚さ5mm) … 2枚
② チェダーチーズ (半切) … スライス1枚分
③ ツナサラダ (ツナ缶を適量のマヨネーズ
　で和えたもの) … 適量

【作り方】
1　2枚の食パンの全面にマヨネーズをしぼって、1枚に具材を順番にのせ、もう1枚をかぶせて焼く。

POINT

ツナサラダに、刻んだたまねぎやオリーブ、ケーパーを混ぜても美味。ツナサラダの水分が多ければ水切りをしてはさみます。

《 マヨネーズ 》

全面　＋　全面

《 焼き方 》
 ≫
片面　　　　　反対面
中火　　　　　中火

3つの黄金の具材を全部一緒にはさみ込んで
ポテサラのサンド

【具材】
① ロースハム … 2枚
　 (うち1枚は、作り方の手順2で使用)
② ポテトサラダ … 適量
③ ゆで卵
　 (沸騰した湯で6分半ゆでたもの) … 1個

【作り方】
1　2枚の食パンの全面にマヨネーズをしぼって、1枚に具材 (ハムは1枚) を順番にのせる。
2　もう1枚の食パンにもハム1枚をのせ、1にかぶせて焼く。

POINT

食パンにしぼるマヨネーズは、たっぷりめに。
ロースハムは、ほかのハムでももちろんOK。

《 マヨネーズ 》
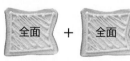
全面　＋　全面

《 焼き方 》
 ≫
片面　　　　　　　　反対面
弱火 (やや強め)　　弱火 (やや強め)

ホットサンド・のっけてはさんで、焼くだけ！

13

とろ〜り！ アツアツのソースとチーズにうっとり

クロックムッシュ

【具材】

① ホワイトソース（市販品でも）… 大さじ4
② 好みのハム … 食パンの1面が埋まるくらい
③ とろけるチーズ … スライスなら2枚、ピザ用なら大さじ4（半量ずつ使用）
④ 刻みパセリ … 少々

【作り方】

1 2枚の食パンの全面にホワイトソースを大さじ1ずつ塗り、1枚にハムと、チーズの半量をのせて、もう1枚の食パンをかぶせる。
2 かぶせた食パンの上にもホワイトソース（大さじ2）を塗り、残りのチーズとパセリをのせ、食パンの大きさにカットしたクッキングシートをかぶせて焼く。

POINT

ホットサンドメーカーの、クッキングシート側の面にバターは塗りません。ハムは、厚めのショルダーかボンレスをおすすめします。

《 ホワイトソース 》

全面 ＋ 全面

《 焼き方 》

片面
弱火（やや強め）

反対面
弱火（やや強め）

焼いて香りをつけたたけのこが美味

焼きたけのこのサンド

【具材】
① 豚バラ肉（できれば厚切り）… 2枚
② たけのこ（水煮）… 適量
③ ピザ用チーズ … ひとつかみ
④ みつば（ざく切り）… ひとつかみ

【作り方】
1 豚バラ肉は塩・こしょう（多め）をして焼き、たけのこはトースターなどで焦げめがつくまで焼く。
2 2枚の食パンの全面にマヨネーズをしぼり、1枚に具材を順番にのせ、もう1枚の食パンをかぶせて焼く。

POINT
生たけのこが入手できたら、水煮にして使ってみて！
食感と香りが格段と違います。
たけのこの代わりに、長いもやかぼちゃも美味。

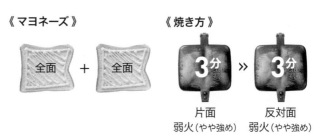

《 マヨネーズ 》

全面 + 全面

《 焼き方 》

3分 » **3**分

片面
弱火（やや強め）

反対面
弱火（やや強め）

ホットサンド・のつけてはさんで、焼くだけ！

サックサクに焼けたパンがピザ台代わりに

ピッツァ・マルゲリータ風

【具材】
① トマトソース（市販品でも）… 大さじ2
② バジルの葉 … 2枚
③ ピザ用チーズ … 大さじ2
④ モッツァレラチーズ（スライス）… 1枚
⑤ バジルの葉 … 適量（トッピング用）

【作り方】
1 2枚の食パンの縁に沿ってマヨネーズをしぼり、1枚にトマトソースを塗ってバジル、ピザ用チーズをのせ、もう1枚の食パンをかぶせる。
2 1でかぶせた食パンの上に、モッツァレラチーズとトッピング用のバジルをのせ、食パンの大きさに切ったクッキングシートをのせて焼く。

POINT
ホットサンドメーカーの、
クッキングシート側の面にバターは塗りません。
トマトソースは、トマト系パスタソースの残りでもOK。

《 マヨネーズ 》　　　《 焼き方 》

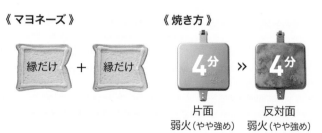

縁だけ ＋ 縁だけ

4分 » **4分**

片面　　　　　反対面
弱火（やや強め）　弱火（やや強め）

とろりとしたチーズが全体を調和

生ハムとルッコラのサンド

【具材】

① 生ハム … 適量
② マスカルポーネチーズ … 大さじ2
③ いちじく … 1/2個（2等分にカット）
④ ルッコラ … ひとつかみ

【作り方】

1 食パン1枚の縁に沿ってマヨネーズをしぼり、具材を順番にのせ、塩・1つまみ（分量外）、オリーブオイル・少々（分量外）を振りかける。

2 もう1枚の食パンの全面にマヨネーズをしぼり、**1**にかぶせて焼く。

POINT

弱火でじっくり焼くとマスカルポーネが
流れ出してきてしまうので、
中火で短時間で焼くのがコツ。

《 マヨネーズ 》　　　　　《 焼き方 》

縁だけ　＋　全面　　　3分　》　2分

　　　　　　　　　　片面　　　片面
　　　　　　　　　　中火　　　中火

ホットサンド・のつけてはさんで、焼くだけ！

冷めてしまったフライが見事に復活

魚フライのサンド

【具材】

① きゅうり (長さ8cm×厚さ5mm) … 3枚
② 大葉 … 2枚
③ 好みの魚のフライ
　 (白身魚、あじなど) … 1枚
④ タルタルソース (市販品でも) … 大さじ2

【作り方】

1 食パン1枚の全面にマヨネーズをしぼり、具材を順番にのせて、
　 もう1枚の食パンの縁に沿ってマヨネーズをしぼり、かぶせて
　 焼く。

POINT

魚フライが大きければ、食パンの大きさにカットして使います。
手作りのタルタルソースを使う場合は、パン粉を小さじ1ほど足すと、
焼いているときに流れ出にくくなります。

《 マヨネーズ 》

全面　＋　縁だけ

《 焼き方 》

4分 ≫ 3分

片面　　　　反対面
弱火(やや強め)　弱火(やや強め)

はんぺんに合う食材が集まって完成形に

はんぺんチーズのサンド

【具材】
① 明太子（ほぐしたもの）… 小さじ2
② 大葉 … 2枚
③ 焼き海苔（4×8cm）… 2枚
④ はんぺん（4×8cm）… 2片
⑤ ピザ用チーズ … 大さじ2

【作り方】
1 2枚の食パンの全面にマヨネーズをしぼり、1枚に明太子を塗って具材を順番にのせ、もう1枚の食パンをかぶせて焼く。

POINT
焼き海苔の代わりに味付け海苔でもOK。
その場合は、パンにしぼるマヨネーズの量を減らしてください。

《 マヨネーズ 》

全面 + 全面

《 焼き方 》

片面
弱火（やや強め）

反対面
弱火（やや強め）

ホットサンド・のっけてはさんで、焼くだけ！

手作りソースで、スパイシーに！

サルサソーセージのサンド

【具材】

❖の作り方は、右下レシピを参照

① ハーブソーセージ … 4本

② ピザ用チーズ … 大さじ2
（チェダーチーズでもOK）

③ ❖サルサソース … 大さじ1

④ パクチー（ざく切り）… ひとつかみ

【作り方】

1 食パン1枚の縁に沿ってマヨネーズをしぼり、具材を順番にのせて、もう1枚の食パンの全面にマヨネーズをしぼり、かぶせて焼く。

POINT

市販のサルサソースを使う場合、
パン粉を小さじ1ほど足すと、
焼いているときに流れ出にくくなります。

《マヨネーズ》

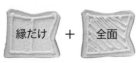

《焼き方》

片面
弱火（やや強め）

反対面
弱火（やや強め）

【❖［サルサソース］のレシピ】（作りやすい分量）

たまねぎのみじん切り（大さじ1）を塩（少々）で揉んで水けをしぼり、ピーマン（1/2個みじん切り）、ミニトマト（2個ざく切り）、パクチーの茎（みじん切り5cm分）、青唐辛子（1/2本みじん切り）、ライム果汁（1/6個分）、おろしにんにく（1/4片分）、塩（適量）、タバスコ（適宜）をすべて混ぜ合わせる。

ランチョンミートが余ってしまったら

ポークエッグのサンド

【具材】

① 焼き海苔（4×8cm）…2枚

② ポークランチョンミート
　（4×8cm）…2枚

③ 甘い卵焼き（4×8cm）…2本

【作り方】

1　2枚の食パンの全面にマヨネーズをしぼり、1枚に具材を順番
にのせ、もう1枚の食パンをかぶせて焼く。

> **POINT**
>
> チーズをプラスしたり、黒こしょうをかけるのもおすすめです。

《 マヨネーズ 》

全面　＋　全面

《 焼き方 》

 ≫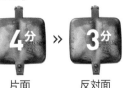

片面　　　　　　　反対面

弱火（やや強め）　弱火（やや強め）

残りものが、こんなに美味しく！
余ったお惣菜をよみがえらせる

〝ニッポンの国民食〟を一段と美味しく
カレーの焼きサンド

【具材】
① カレー
（残りもの、またはレトルト）… 大さじ3
② ピザ用チーズ … 大さじ2
③ ゆで卵
（沸騰した湯で6分半ゆでたもの）… 1個

【作り方】
1 2枚の食パンの全面ににマヨネーズをしぼって、1枚に具材を順番にのせ、もう1枚をかぶせて焼く。

POINT

カレーは冷たいままはさんでOK。
カレーがゆるめの場合は、パン粉を適量加えて硬さを調整します。

《 マヨネーズ 》

全面　＋　全面

《 焼き方 》

4分　≫　4分
片面　　　　反対面
弱火（やや強め）　弱火（やや強め）

クリーミーなグラタンがアツアツによみがえる
マカロニグラタンのサンド

【具材】
① マカロニグラタン（残りもの）… 大さじ4
② ピザ用チーズ … 大さじ2
③ パセリの葉 … 適量

【作り方】
1 2枚の食パンの全面にマヨネーズをしぼって、1枚に具材を順番にのせ、もう1枚をかぶせて焼く。

POINT

グラタンにタバスコを数滴振りかけてから焼いても美味。
あれば、パルメザンチーズを削ってかけるとコクが出ます。

《 マヨネーズ 》
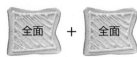
全面　＋　全面

《 焼き方 》

4分　≫　4分
片面　　　　反対面
弱火（やや強め）　弱火（やや強め）

ホットサンド-余ったお惣菜をよみがえらせる

23

青魚は、酸味のきいたなますとぴったり

焼きさばのサンド

【具材】

❖の作り方は、右下レシピを参照

① 大葉 … 2枚

② ❖大根とにんじんのなます
　　… 水けをきっちりしぼって大さじ2

③ 焼いた塩さば
　　（3cm幅に切ったもの）… 2切れ

④ 紫たまねぎ（薄切り）… ひとつかみ

【作り方】

1 2枚の食パンの全面にマヨネーズをしぼり、1枚に具材を順番に
のせ、もう1枚の食パンをかぶせて焼く。

POINT

さばは、焼きあがってすぐレモン汁を少々振りかけておくと、
臭みがやわらぎます。

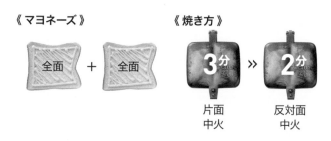

《 マヨネーズ 》　　全面 ＋ 全面

《 焼き方 》　　3分 片面 中火 » 2分 反対面 中火

【❖ [大根とにんじんのなます] のレシピ】（ 作りやすい分量 ）

大根とにんじん（各5cm分）を5mm幅の細切りにして、塩（3つまみ）
で揉み、しんなりしたら水けをしぼり、砂糖（小さじ2）、酢（小さじ3）
を混ぜる。

定番の肉料理＋キャベツは、黄金の組み合わせ

豚肉のしょうが焼きのサンド

【具材】
① キャベツ（せん切り）… 1つかみ
② 豚肉のしょうが焼き … 適量

【作り方】
1 2枚の食パンの全面にマヨネーズをしぼり、1枚に具材を順番にのせ、もう1枚の食パンをかぶせて焼く。

POINT

豚肉のしょうが焼きは、たまねぎ多めをおすすめします。
キャベツのせん切りは、5mm幅ぐらいの太めのほうが
食感が残って美味。水分も出にくくなります。

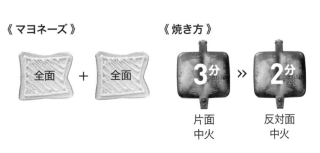

《 マヨネーズ 》　　全面 ＋ 全面

《 焼き方 》　3分 ≫ 2分
片面　　　反対面
中火　　　中火

ホットサンド・余ったお惣菜をよみがえらせる

25

甘酢しょうがと焼いたししとうがアクセント

焼き鳥レバーのサンド

【具材】

① 甘酢しょうが … 6枚
② 焼き鳥のレバー（タレ焼き）
　　… 2本分くらい
③ 焼き鳥の長ねぎ（タレ焼き）
　　… 2本分くらい
④ ししとう（焼いたもの）… 4本

【作り方】

1 2枚の食パンの全面にマヨネーズをしぼり、1枚に甘酢しょうがを広げ、レバーと長ねぎを串から外してのせ、さらに焼いたししとうをのせて、もう1枚の食パンをかぶせて焼く。

POINT

レバー以外の焼き鳥も美味しいです。
あれば、余ったタレをかけるとよりおいしくなります。

《 マヨネーズ 》

全面　+　全面

《 焼き方 》

4分 ≫ **3分**

片面　　　　　　　反対面
弱火（やや強め）　弱火（やや強め）

肉をたっぷり使えば、食べごたえのある一品に

チャーシューエッグのサンド

【 具材 】
① チャーシュー（スライス）… 適量
② 長ねぎ … 5cm（薄切りにする）
③ ピザ用チーズ … 大さじ2くらい
④ 目玉焼き … 1個

【 作り方 】
1 2枚の食パンの全面にマヨネーズをしぼり、1枚の一面が埋まるようにチャーシューをのせ、残りの具材も順番にのせて、もう1枚の食パンをかぶせて焼く。

POINT
チャーシューは、豚バラ肉でも肩ロース肉でも、どちらもOK。

《 マヨネーズ 》
全面 ＋ 全面

《 焼き方 》
4分 ≫ **3分**
片面　　　　反対面
弱火（やや強め）　弱火（やや強め）

焼きそばパンをさらに美味しく

ソース焼きそばのサンド

【具材】
① ソース焼きそば … 適量
② 紅しょうが（せん切り）… 大さじ1
③ 青のり … 少々
④ 目玉焼き … 1個

【作り方】
1 2枚の食パンの全面にマヨネーズをしぼり、1枚に焼きそばを広げ、紅しょうが、青のりをちらし、目玉焼きに軽く塩・こしょう（各分量外）を振ってのせ、もう1枚の食パンをかぶせて焼く。

POINT
マヨネーズは辛子マヨネーズでもOK。
焼きそばはソース味じゃなくても美味しいです。
そばめしをはさんでみても。

《 マヨネーズ 》　　　　《 焼き方 》

全面　＋　全面　　　　**3**分　≫　**2**分

片面　　　　反対面
中火　　　　中火

人気のパスタにチーズを添えて

たらスパのサンド

【具材】
① 焼き海苔 (4×8cm) … 2枚
② 大葉 … 2枚
③ たらこバターのスパゲティ … 適量
④ ピザ用チーズ … 大さじ1

【作り方】
1　2枚の食パンの縁に沿ってマヨネーズをしぼり、1枚に順番に具材をのせ、もう1枚の食パンをかぶせて焼く。

POINT

大葉はレシピより多くても◎。海苔、大葉をパセリに代えて、ナポリタンやミートソーススパゲティをはさんでも。

《マヨネーズ》　　　　《焼き方》

縁だけ　+　縁だけ　　3分 ≫ 2分

　　　　　　　　　　片面　　　片面
　　　　　　　　　　中火　　　中火

甘くてホクホクのいもが肉の塩けとマッチ

大学いもと豚肉のサンド

【具材】
① 豚バラ肉の塩・こしょう焼き … 6切れ
② 大学いも
　 … 4個くらい（ひと口大に切る）
③ 紫たまねぎ（スライス）… ひとつまみ
④ ピザ用チーズ … 大さじ2

【作り方】
1 2枚の食パンの全面にマヨネーズをしぼり、1枚に具材を順番に
　 のせ、もう1枚の食パンをかぶせて焼く。

POINT

普通のたまねぎでもOKですが、
さつまいもの黄色と紫たまねぎの組み合わせがきれいです。

《 マヨネーズ 》

全面 ＋ 全面

《 焼き方 》

4分 ≫ **3**分

片面
弱火（やや強め）

反対面
弱火（やや強め）

甘辛いそぼろと、甘い卵焼きが好相性！

鶏そぼろのサンド

【具材】

① 焼き海苔（4×8cm）… 2枚
② 鶏そぼろ … 大さじ2
③ 甘い卵焼き（2×7cm）… 2本
④ ピザ用チーズ … 小さじ2
⑤ みつば（ざく切り）… 1つかみ

【作り方】

1 2枚の食パンの全面にマヨネーズをしぼり、1枚に具材を順番にのせ、もう1枚の食パンをかぶせて焼く。

POINT

卵焼きではなく、
砂糖を多めにして作った炒り卵でもOKです。

《マヨネーズ》

全面 ＋ 全面

《焼き方》

片面
弱火（やや強め）

反対面
弱火（やや強め）

ホットサンド・余ったお惣菜をよみがえらせる

味噌とチーズの発酵食品同士は、相性バツグン

ホイコーローのサンド

【具材】
① ホイコーロー … 適量
② ピザ用チーズ … 大さじ2

【作り方】
1 食パン1枚の縁に沿ってマヨネーズをしぼり、具材を順番にのせる。
2 もう1枚の食パンの全面にマヨネーズをしぼり、1にかぶせて焼く。

POINT
ホイコーローをのせるときは、汁けを切ってから。
チーズと味噌は相性がよいので、
ほかの味噌炒め料理でも試してみては。

《 マヨネーズ 》　　　　《 焼き方 》

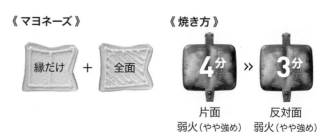

縁だけ ＋ 全面

4分 ≫ 3分

片面　　　　　　反対面
弱火(やや強め)　弱火(やや強め)

韓国料理のお惣菜も、食パンによくマッチ

チャプチェのサンド

【具材】

① チャプチェ … 適量
② 白煎りごま … 小さじ1

【作り方】

1 2枚の食パンの全面にマヨネーズをしぼり、1枚にチャプチェを広げてごまを散らし、もう1枚の食パンをかぶせて焼く。

POINT

チャプチェのように水けが少ないお惣菜は、
ホットサンドの具にぴったり。
炒めものや揚げものなど、いろいろ試してみませんか。

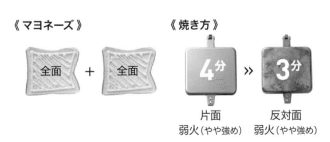

《マヨネーズ》

全面 + 全面

《焼き方》

4分 ≫ **3**分

片面
弱火(やや強め)

反対面
弱火(やや強め)

ホットサンド・余ったお惣菜をよみがえらせる

ゆとりのある日は、具材も手作り

少しの手間でごちそうサンド

クリーミーなじゃがいものグラタンの旨味を堪能

ドフィノワのサンド

【具材】
❖の作り方は、それぞれのレシピを参照
① 好みのハム … 2枚
②❖ドフィノワ … 適量
③ パセリの葉 … 少々

【作り方】
1 食パン1枚の全面にマヨネーズをしぼり、具材を順番にのせる。
2 もう1枚の食パンの縁に沿ってマヨネーズをしぼり、1にかぶせて焼く。

POINT
具材にチーズを加えても美味。ドフィノワは、
前日に作って寝かせておくとさらに美味しさアップ。

【❖ [ドフィノワ] のレシピ】

◎ **材料 (作りやすい分量)**
じゃがいも … 中5個 (500g)
おろしにんにく … 1/2片分
生クリーム (乳脂肪分45%のもの) … 1カップ
牛乳 … 1カップ
塩 … 小さじ1
チーズ (あればパルミジャーノ) … 適量

◎ **作り方**
1 じゃがいもの皮をむいて薄切りにし、おろしにんにくを塗った耐熱容器に入れる。
2 鍋に生クリームと牛乳を合わせて温め、塩を溶かして1に注ぎ入れ、170℃のオーブンで40分ほど焼く。
3 2にチーズを振りかけ、180℃でさらに15分焼く。

《マヨネーズ》

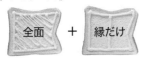

全面 ＋ 縁だけ

《焼き方》

片面　　　　　　反対面
弱火 (やや強め)　弱火 (やや強め)

特別な日の一品も簡単に！

ビーフステーキサンド

【具材】
❖の作り方は、それぞれのレシピを参照
① ❖ マッシュポテト … 大さじ2
② ❖ オニオンソテー … 大さじ2
③ ❖ ビーフステーキ … 2切れ
④ クレソン（ざく切り）… 2本分

【作り方】
1 食パン1枚の縁に沿ってマヨネーズをしぼり、マッシュポテトを広げて、残りの具材を順番にのせる。
2 もう1枚の食パンの全面にマヨネーズをしぼり、1にかぶせて焼く。

POINT
マッシュポテトの代わりに、
フライドポテトをのせても美味。

《 マヨネーズ 》

縁だけ ＋ 全面

《 焼き方 》

4分 ≫ 4分
片面　　　　　反対面
弱火（やや強め）　弱火（やや強め）

【 ❖［ マッシュポテト ］のレシピ 】

◎ **材料**（作りやすい分量）
じゃがいも（男爵）… 中3個（300g）
無塩バター（角切り）… 75g
牛乳（温かいもの）… 1/2カップ

◎ **作り方**
1 じゃがいもは皮をむいて2cm厚に切り、湯に塩10g（分量外）を入れてゆで、やわらかくなったら熱いうちに裏ごしする。
2 1を鍋に移して弱火にかけて水分をとばし、バター、牛乳を少しずつ加えて混ぜる。

【 ❖［ オニオンソテー ］のレシピ 】

◎ **材料**（作りやすい分量）
たまねぎ … 小1個
サラダ油（またはオリーブオイル）… 少々
万能ドレッシング … 小さじ2

◎ **作り方**
1 たまねぎを繊維に対して垂直に1cm幅に切り、油を熱したフライパンでしんなりするまで炒め、ドレッシングをからめる。

❖ 万能ドレッシングは、おろしたまねぎ（小1個分）とおろしにんにく（小さじ1/2）を合わせ、ふんわりとラップをかけて電子レンジに1分かける。酢（1/4カップ）、三温糖・醤油（各大さじ2）、塩（小さじ1.5）、ディジョンマスタード（小さじ1）、黒こしょう（少々）を加えて混ぜ、サラダ油（1/2カップ）を少しずつ加えて泡立て器でよく混ぜる。

【 ❖［ ビーフステーキ ］のレシピ 】

◎ **材料**（作りやすい分量）
牛ステーキ肉（1.5cm 厚程度のもの）… 1枚
オリーブオイル … 少々

◎ **作り方**
1 ステーキ肉は室温に戻して、適量の塩・こしょう（分量外）を振る。
2 強火で熱したフライパン（あればスキレット）にオリーブオイルをなじませ、1の肉を片面2分ずつ焼きめがつくまで焼く。
3 焼き上がったらフライパンから取り出し、4分ほど休ませて使いやすい大きさにカットする。

にんにくが香るソースと卵の相性が抜群

トルティージャのサンド

【具材】

❖の作り方は、それぞれのレシピを参照
① ❖ アイオリソース … 小さじ2
② ❖ パプリカ入りトルティージャ
　　　（3×8cmサイズ）… 2本
③ ルッコラ（ざく切り）… 少々

【作り方】

1 食パン1枚の縁に沿ってマヨネーズをしぼり、アイオリソースを塗って、残りの具材を順番にのせる。

2 もう1枚の食パンの全面にマヨネーズをしぼり、**1**にかぶせて焼く。

POINT

にんにくが苦手なら、
アイオリソースでなくマヨネーズを使っても。

《 マヨネーズ 》

縁だけ ＋ 全面

《 焼き方 》

片面　　　　　反対面
弱火（やや強め）　弱火（やや強め）

【 ❖ [アイオリソース] のレシピ 】

◎ **材料**（作りやすい分量）
卵 … 1個
おろしにんにく … 1片分
レモン汁 … 1/2個分
塩 … ひとつまみ
オリーブオイル … 1・1/4カップ

◎ 作り方

1 大きめの縦型の容器（タンブラーなど）にオイル以外の材料をすべて入れ、ハンドブレンダーをかける。オリーブオイルを少しずつ加え、マヨネーズくらいの硬さになるまで、そのつどブレンダーをかける。

※ ハンドブレンダーがなければ、フードプロセッサーでも作れる。

【 ❖ [パプリカ入りトルティージャ] のレシピ 】

◎ **材料**（21cmのフライパン1枚分）
じゃがいも … 中5個（500g）
たまねぎ … 1個
パプリカ（赤）… 1/2個
オリーブオイル … 適量
卵 … 4個

◎ 作り方

1 じゃがいもは皮をむき、1cm幅のいちょう切りにする。たまねぎ、パプリカは1cm角に切る。

2 フライパンにたまねぎと、たまねぎが半分浸かるくらいのオリーブオイルを入れ、塩少々（分量外）を振り、弱火でしんなりするまで炒める。じゃがいもを加え、塩少々（分量外）を振り、弱火で20分ほど混ぜながら炒める。さらに、パプリカを加えてざっと混ぜ、火を止め、ザルにあけて油を切る。

3 ボウルに卵をほぐして**2**を合わせ、温めたフライパンに流し入れ、弱火で縁が固まるまで焼き、返して5分ほど焼く。返すときは、大きな皿を使うとよい。

ほろ苦い菜の花と、桜えびの香りが美味

桜えびオムレツのサンド

【具材】

✥の作り方は、それぞれのレシピを参照

① ✥ 桜えび入りオムレツ
　　（3×8cmサイズ）… 2本
② ✥ 焼き菜の花
　　… 菜の花2本分（3cm長さに切ったもの）
③ ピザ用チーズ … 適量

【作り方】

1 2枚の食パンの全面にマヨネーズをしぼり、1枚に
　具材を順番にのせ、もう1枚の食パンをかぶせて
　焼く。

POINT

少し焦げめをつけた菜の花がアクセント。
菜の花が手に入らない時期なら、
同じように焼いたブロッコリーでも◎。

《 マヨネーズ 》

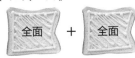

《 焼き方 》

片面　　　　　反対面
弱火（やや強め）　弱火（やや強め）

【 ✥ [桜えび入りオムレツ] のレシピ 】

◎ **材料**（作りやすい分量）

卵 … 3個
干し桜えび … 大さじ3
砂糖 … 小さじ1
塩 … 少々
サラダ油 … 少々

◎ **作り方**

1 卵、桜えび、砂糖、塩を合わせ、フライパンにサラダ油
　をひいてオムレツを作る。

【 ✥ [焼き菜の花] のレシピ 】

◎ **材料**（1人分）

菜の花
（かき菜、アスパラ菜など、菜の花なら何でも）… 2本
オリーブオイル … 少々
塩 … 少々

◎ **作り方**

1 菜の花は、氷水に数分浸してしゃっきりさせる。水け
　を切って、3cm長さに切る（茎が太い場合は、縦半分
　に切ってから）。
2 フライパンを熱し、オリーブオイル、菜の花、塩を入れ
　て、焦げめがつくまで炒める。

ベースのパスタが、ケチャップ風味の肉と合う

ポークチャップのサンド

【 具材 】
❖の作り方は、それぞれのレシピを参照
① ❖ パセリバターのパスタ … 適量
② ❖ ポークチャップ（3cm幅）… 3切れ

【 作り方 】
1 2枚の食パンの縁に沿ってマヨネーズをしぼり、1
　枚にパセリバターのパスタを広げ、その上にソース
　をからめたポークチャップをのせて、もう1枚をか
　ぶせて焼く。

POINT
レシピのポークチャップのソースは濃厚なので、
ベースに敷くパセリバターのパスタのパセリは
多めをおすすめします。

《 マヨネーズ 》

《 焼き方 》

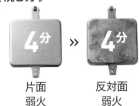

片面　　　　　反対面
弱火　　　　　弱火

【 ❖[パセリバターのパスタ]のレシピ 】

◎ 材料（作りやすい分量）
スパゲティ（乾麺）… 90g
バター … 5g
パセリ（みじん切り）… 1つかみ分

◎ 作り方
1 スパゲティを袋の表示時間通りにゆで、水けを切って
　バターとパセリを混ぜる。

【 ❖[ポークチャップ]のレシピ 】

◎ 材料（作りやすい分量）
豚肩ロース（とんかつ用）… 1枚
小麦粉 … 少々
サラダ油 … 少々
バター … 10g
たまねぎ … 1/2個
マッシュルーム（薄切り）… 3個分
ケチャップ … 大さじ4
赤ワイン … 1/8カップ
水 … 1/4カップ

◎ 作り方
1 豚肉は、筋を切り、軽く塩・こしょう（各分量外）をし、
　小麦粉を薄くつける。
2 フライパンにサラダ油をひき、1の豚肉を両面に焼き
　色がつくまで焼いて取り出す。
3 2のフライパンをざっと洗って弱火でバターを熱し、
　たまねぎ、マッシュルームを炒めて、少々の塩・こしょ
　う（分量外）、ケチャップを入れ、ケチャップの色が濃
　くなるまで、あまり動かさずに焼く。
4 3に赤ワインと水を加え、豚肉を戻して肉にソースが
　からむくらいまで煮詰め、肉を取り出して、3cm幅に
　切る。
5 フライパンに残った4のソースをしっかりとろみが出
　るまでさらに煮詰め、肉にからめる。

濃厚なチーズをまとった青菜が味の主体に

ゴルゴンゾーラチキンのサンド

【具材】

❖の作り方は、それぞれのレシピを参照

① ❖ ほうれんそうのソテー・
　　　ゴルゴンゾーラ風味 … 大さじ2

② ❖ チキンソテー（3cm幅）… 2切れ

③ ❖ はちみつりんご … 6片

④ ピザ用チーズ … 小さじ2

【作り方】

1 食パン1枚の縁に沿ってマヨネーズをしぼり、具材
　を順番にのせる。

2 もう1枚の食パンの全面にマヨネーズをしぼって1に
　かぶせて焼く。

POINT

ゴルゴンゾーラチーズが苦手なら、
別のチーズを使うか、バターソテーにしてもOK。

《 マヨネーズ 》

縁だけ ＋ 全面

《 焼き方 》

4分 ≫ 4分

片面　　　　　反対面
弱火　　　　　弱火

【❖［ほうれんそうのソテー・ゴルゴンゾーラ風味］のレシピ】

◎ 材料（作りやすい分量）

ほうれんそう … 1束（200g）

塩 … 少々

ゴルゴンゾーラチーズ … 20g

生クリーム（乳脂肪35％のもの）… 小さじ1

◎ 作り方

1 ほうれんそうは、塩を入れた湯でさっとゆで、冷水に
　取って水をしっかりしぼり、3cm長さに切る。

2 1のほうれんそうを油をひかないフライパンで表面が
　乾くまで炒め、火を止めて熱いうちにゴルゴンゾーラ
　と生クリームを入れて、全体をからめる。

3 味をみて、塩けが足りないようであれば、塩を加える。

【❖［チキンソテー］のレシピ】

◎ 材料（作りやすい分量）

鶏もも肉 … 1枚

オリーブオイル … 少々

◎ 作り方

1 鶏もも肉は、余分な脂をそぎ取って塩・こしょう（分
　量外）をし、室温に戻す。

2 フライパンを強火で熱し、オリーブオイルをひいて、1
　の鶏肉を皮めから焼く。途中、浮いてくる油はクッキ
　ングペーパーで吸い取り、皮に焼き色がついて、パリ
　ッとしたら裏返す。

3 火を弱火にし、肉の厚いところを押して、はね返って
　くるくらいの弾力が出たら火を止める。

【❖［はちみつりんご］のレシピ】

◎ 材料（作りやすい分量）

りんご … 1個

グラニュー糖 … 大さじ1弱

レモン汁・はちみつ … 各小さじ1/2

◎ 作り方

1 りんごは、皮をむき、2cm角に切って鍋に入れ、グラ
　ニュー糖をまぶして30分ほど水分が出るまで置いて
　おく。

2 1の鍋を弱火にかけて、クッキングシートで落としブ
　タをし、途中、鍋をゆすりながら煮る。水分がなくな
　ったら、火を止め、レモン汁とはちみつをからませる。

ホットサンド・少しの手間でごちそうサンド

鶏肉が入ったボリュームのある根菜をチーズと一緒に

きんぴらチキンのサンド

【具材】
❖の作り方は、それぞれのレシピを参照
① ❖ きんぴらチキン … 適量
② ピザ用チーズ … 適量

【作り方】
1 2枚の食パンの全面にマヨネーズをしぼり、1枚に具材を順番にのせ、もう1枚の食パンをかぶせて焼く。

POINT
普通のきんぴらごぼうでも、美味。
チキンを豚肉に変えてもOK。

《 マヨネーズ 》

《 焼き方 》
 ≫

片面　　　　　反対面
弱火(やや強め)　弱火(やや強め)

【❖ [きんぴらチキン]のレシピ 】

◎ **材料**(作りやすい分量)
鶏もも肉 … 1切れ
ごぼう … 1/2本
にんじん … 1/2本
ごま油 … 少々
合わせ調味料(各大さじ1の酒・みりん・醤油・砂糖)
… 大さじ3
輪切り唐辛子 … 1本分
くるみ(砕いたもの) … 大さじ3
白いりごま … 大さじ1

◎ **作り方**
1 鶏もも肉は余分な脂を取って、2cm角に切る。ごぼうは洗って縦半分に切ったら、斜め2mm厚に切って、水にさらして水けを切る。にんじんは2mm厚のいちょう切りにする。
2 フライパンにごま油をひき、中火で肉を炒め、肉の色が変わったら、1のごぼう、にんじんを加えてさらに炒める。全体に油がまわって、野菜が少ししんなりしたら、合わせ調味料と唐辛子を加え、水分がなくなるまで炒める。
3 くるみといりごまを加え、ざっと混ぜて火を止める。
※味が足りなければ、合わせ調味料を少し追加して、調整する。

魚肉ソーセージと卵の組み合わせが楽しい

魚肉ソーセージのサンド

【具材】

❖の作り方は、それぞれのレシピを参照

① ❖ ゴーヤー入りオムレツ（8×3cmにカット）… 2本

② ❖ 魚肉ソーセージケチャップ炒め … 6枚

② ピザ用チーズ … 大さじ2くらい

【作り方】

1 2枚の食パンの全面にマヨネーズをしぼり、1枚に具材を順番にのせ、もう1枚の食パンをかぶせて焼く。

POINT

ゴーヤーは新鮮で旬の時期のものだと、
苦みが少なく食べやすいです。

《マヨネーズ》

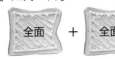

《焼き方》

片面　　　　　　反対面
中火（やや強め）　弱火（やや強め）

【❖［ゴーヤー入りオムレツ］のレシピ】

◎ **材料**（作りやすい分量）

ゴーヤー … 大1/4本分

ラード … チューブ5cm分

卵 … 3個

◎ **作り方**

1 ゴーヤーは、わたをスプーンでくり抜き、5mm厚さに切る。卵は、ボウルに割り入れ、塩・少々（分量外）を入れて溶きほぐす。

2 フライパンにラードをひいてゴーヤーを炒める。少ししんなりしてきたら、塩・こしょう（分量外）をし、ざっと混ぜてフライパンから取り出す。

3 空になったフライパンをキッチンペーパーで拭き、サラダ油・少々（分量外）をひいて弱火にかけ、フライパンが温まったら、**1**の卵液に**2**のゴーヤーを混ぜて流し入れ、オムレツを作る要領で焼く。

【❖［魚肉ソーセージケチャップ炒め］のレシピ】

◎ **材料**（作りやすい分量）

魚肉ソーセージ … 1本

ケチャップ … 大さじ1

◎ **作り方**

1 魚肉ソーセージは1cm厚さの斜め薄切りにし、フライパンにサラダ油（分量外）を熱して、中火で炒める。ケチャップを加え、魚肉ソーセージにからむまで炒め、こしょう・少々（分量外）を振って混ぜる。

磯の香りがするドライカレーと和のハーブが決め手

ひじきのドライカレーサンド

【具材】

❖の作り方は、それぞれのレシピを参照

① ❖ ひじきのドライカレー … 適量

② 白いりごま … 小さじ1

③ ❖ きゅうりとみょうがの塩もみ … 大さじ1

④ ピザ用チーズ … 大さじ2

⑤ ゆで卵(沸騰した湯で6分半ゆでたもの) … 1個

【作り方】

1 2枚の食パンの全面にマヨネーズをしぼり、1枚にドライカレーを広げ、きゅうりとみょうがの塩もみの水けを切ってのせ、チーズをのせる。ごまを散らして卵をのせ、もう1枚の食パンをかぶせて焼く。

POINT

ドライカレーは水分が少ないので、硬さの調整をしないで使ってOK。

《 マヨネーズ 》

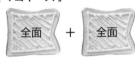

《 焼き方 》

| 片面 | 反対面 |
| 弱火(やや強め) | 弱火(やや強め) |

【❖ [ひじきのドライカレー]のレシピ 】

◎ **材料**(作りやすい分量)

にんにく(みじん切り) … 1片分

しょうが(みじん切り) … 1かけ分

サラダ油 … 大さじ1

香辛料(カレー粉・大さじ2、クミンパウダー・小さじ1、コリアンダーパウダー・小さじ1)

豚ひき肉 … 150g

乾燥芽ひじき … 10g(水で戻す)

酒・醤油 … 各大さじ1

◎ **作り方**

1 フライパンに、にんにく、しょうが、サラダ油を入れて弱火にかけ、香りが立ってきたら、香辛料を入れて中火にし、豚ひき肉を加えて肉の色が変わるまで炒める。

2 1に水けを切ったひじきを加えて混ぜ、酒、醤油を入れて、水気がなくなるまで炒め、塩・こしょう(分量外)で味を調える。

【❖ [きゅうりとみょうがの塩もみ]のレシピ 】

◎ **材料**(作りやすい分量)

きゅうり … 1本

みょうが … 1個

塩 … 小さじ1/4

◎ **作り方**

1 きゅうり、みょうがを薄く切り、塩で揉んで15分おき、水けを絞る。

甘くてアツアツで、ほっこり
はさんで焼いて、スイーツも!

甘い小豆と、ふんわりやさしい味のチーズが絶妙
あんことマスカルポーネのサンド

【具材】
① 小豆あん（市販品）… 大さじ4
② マスカルポーネチーズ … 大さじ2

【作り方】
1 1枚の食パンの縁に沿って厚い土手を作るようにあんをのせ、中央にマスカルポーネチーズを置いて、もう1枚のパンをかぶせて焼く。

POINT
焼きあがってからすぐ切るとマスカルポーネが流れ出てきてしまうので、カットは2〜3分休ませてから。
できたてを食べるなら、ナイフとフォークを使いましょう。

《 マヨネーズ 》

なし ＋ なし

《 焼き方 》

2分 ≫ 2分

片面　　　反対面
中火　　　中火

シナモンの香りが全体を上品にまとめる
アップルシナモンのサンド

【具材】
① クリームチーズ … 4片
② ケーキシロップ
　（メープルシロップでもOK）… 小さじ2
③ 煮りんご … 8片
④ シナモンパウダー … 少々

【作り方】
1 1枚の食パンにケーキシロップをしみ込ませ、クリームチーズをのせて煮りんごを並べ、シナモンパウダーを振って、もう1枚の食パンをかぶせて焼く。

POINT
煮りんごは、P45の［はちみつりんご］のレシピと同様に作ります。
ただし、材料は、同分量のりんご、グラニュー糖、レモン汁だけ。
はちみつは使いません。

《 マヨネーズ 》

なし ＋ なし

《 焼き方 》

2分 ≫ 1.5分

片面　　　　　反対面
中火（強め）　中火（強め）

ホットサンドはさんで焼いて、スイーツも！

焼いて幸せになれるものの結晶がコレかも

パイナップルと生キャラメルのサンド

【具材】
① パイナップル缶（スライス）… 2枚
② クリームチーズ … 4片
③ 生キャラメル … 2個
④ ココナッツファインのロースト … 少々

【作り方】
1 1枚の食パンに、パイナップルの水けをキッチンペーパーなどで拭き取って縦半分に切ってのせ、クリームチーズ、生キャラメルをのせる。

2 ココナッツを振り、もう1枚のパンをかぶせて焼く。

POINT

生のパイナップルを使うと甘みを抑えられます。
その場合は、バターでソテーします。

《 マヨネーズ 》

なし ＋ なし

《 焼き方 》

2分 》 1.5分

片面 反対面
中火 中火

火を通すと別の美味しさが現れる具材で

バナナとチョコのサンド

【具材】
① バナナ（5mm厚さの薄切り）… 1/2本分
② ナッツ入りチョコレート菓子 … 適量
※ここでは、森永製菓『小枝』12本を使用

【作り方】
1 食パン1枚に具材を順番にのせ、塩・少々（分量外）を振って、もう1枚の食パンをかぶせて焼く。

POINT

塩は、あればフルール・ド・セル（大粒の天日塩。フランス産が有名）をおすすめします。カリッとした食感も楽しい、高級感のある一品に。

《 マヨネーズ 》

なし ＋ なし

《 焼き方 》

 》

2分 》 1.5分

片面 反対面
中火（強め） 中火（強め）

ホットサンド・はさんで焼いて スイーツも！

《 西荻ヒュッテ 》の
ホットサンド・ブランチ

旬の食材をふんだんに使う同店の料理のなかでも、
とくに人気なのが昼の時間帯に提供する〝ホットサンド定食〟です。

◎ ホットサンドをメインにした定食〝ホットサンド・ブランチ〟は、週単位でメニューが変わる定食スタイルが大好評。主役のホットサンドは、ホットサンドメーカーの定番中の定番『バウルー』で作っています。

◎ ホットサンドのほか、自家製ドレッシングのサラダと、じゃがいものガレット、箸休め（小さなつけ合わせ）があることで、野菜もしっかり摂れるのがうれしいポイントです。

選べるドリンク

箸休めの一品

自家製ドレッシング
のサラダ

この日のホットサンド
ビーフステーキ サンド
>>> P36

じゃがいものガレット
>>> P64

ある日のプレート

※ホットサンド・ブランチはただいまお休み中。

Part:2
ホットサンドメーカーで作る
お手軽料理
Recipes of Hot Sandwich Maker Dish

ホットサンドメーカーを小さなフライパンとして使ってみると、
鍋やフライパンよりも簡単に、美味しい料理が作れます。

蒸すのでなく、焼く。焦げめが最高！

焼き肉まん

【材料と作り方】（1人分）
ホットサンドメーカーにバター（適量）を塗り、チルド肉まん（1個）をのせて焦げめがつくまで両面を焼く。

POINT
乾燥してしまった肉まんは、水で少し濡らしてから焼きましょう。

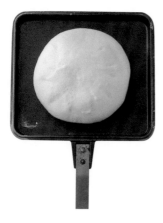

《焼き方》

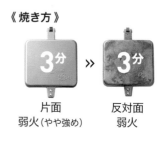

片面
弱火（やや強め）

反対面
弱火

カリカリッだから、箸が止まらない！

焼きシュウマイ

【材料と作り方】（1人分）
ホットサンドメーカーにサラダ油（適量）を塗り、チルドのシュウマイ（適量）を並べて両面を焼く。

POINT
お弁当のおかずに◎。べちゃっとなりません。

《焼き方》

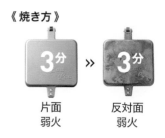

片面
弱火

反対面
弱火

フライパンでは難しい、ぱりぱりチーズが簡単に

チーズ餃子

【 材料と作り方 】（1人分）
ホットサンドメーカーにサラダ油（適量）を
塗り、チルド餃子（適量）を並べてピザ用チ
ーズ（大さじ2）をかけて両面を焼く。

POINT

こしょうをたっぷり入れた酢やソースで食
べても美味。

《 焼き方 》

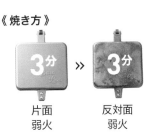

3分	»	3分
片面 弱火		反対面 弱火

焼いて、甘辛い油揚げを香ばしく

焼きいなり

【 材料と作り方 】（1人分）
ホットサンドメーカーに何も塗らずにいな
りずし（適量）を直接のせて両面を焼く。

POINT

いなりずしは、前日の残りの固くなってしま
ったものでもOK。

《 焼き方 》

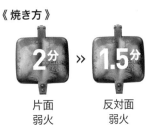

2分	»	1.5分
片面 弱火		反対面 弱火

チャーハンに近づいたTKG

焼き卵かけごはん

【材料と作り方】（1人分）
ごはん（茶碗1杯分）に、かつおぶし・白いり
ごま・小口切りの小ねぎ（各適量）、塩
（少々）、白だし・ごま油（各大さじ1）を混ぜ、
卵（1個）をざっくり混ぜて、ごま油（適量）
を塗ったホットサンドメーカーに流し入れ
て、両面を焼く。

POINT

冷たいごはんでOKです。卵を入れたら、混
ぜすぎないのがコツ。表面にもごまを振り
かけると、香ばしくなります。

《焼き方》

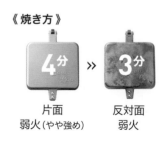

3分	2分
片面 中火	反対面 中火

焼くことで、はんぺんのふわふわ感がアップ

焼きはんぺん

【材料と作り方】（1人分）
はんぺん（1枚）を半分の厚さに切り、1片に
ほぐした明太子（大さじ1）を塗って、とろけ
るスライスチーズ（1枚）、大葉（2枚）をのせ、
もう1片のはんぺんをかぶせる。ホットサン
ドメーカーの内側にバター（適量）を塗って
焼く。

POINT

何もつけなくても美味しいですが、わさび
少々をつけても◎。

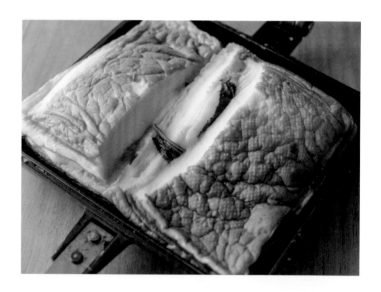

《焼き方》

4分	3分
片面 弱火（やや強め）	反対面 弱火

グリルを洗わなくてすむから、ラクチン！

焼き魚

【材料と作り方】（1人分）
ホットサンドメーカーの内側にサラダ油
（適量）を塗り、魚の切り身（1枚）を入れて
両面を焼く。

POINT

ホットサンドメーカーに収まれば、いわしや
ししゃもなど、切り身魚でなくてもOK。

《 焼き方 》

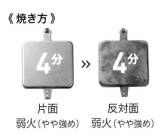

片面	反対面
弱火（やや強め）	弱火（やや強め）

簡単！ こうすれば、ふわふわのできたてに！

うなぎの温め

【材料と作り方】（1人分）
ホットサンドメーカーの内側にサラダ油
（適量）を塗り、うなぎの蒲焼き（1枚）を入
れて皮目側を焼き、日本酒（小さじ1）を入
れて、返さずにさらに1分焼く。

POINT

取り出すときは、フライ返しを使うと身がく
ずれません。

《 焼き方 》

片面	同じ面
弱火（やや強め）	弱火（やや強め）

ホットサンドメーカーでつくる料理

オーブンを使わずにパイが焼けるのは便利

ウインナーパイ

【材料】（できあがり2本分）
冷凍パイシート（10×10cm）… 2枚
とろけるスライスチーズ
… 1枚（半分に切る）
粒マスタード … 小さじ1
ケチャップ … 小さじ1
たまねぎ … 少々（スライス）
ソーセージ … 4本

【作り方】

1 パイシートにチーズをのせ、マスタード、ケチャップを塗り、たまねぎをのせ、ソーセージ2本を横に並べて、パイシートごとくるりと巻き、四角くなるように形を整える。

2 ホットサンドメーカーに何も塗らないで**1**のパイを直接入れて、弱火で片面4分ずつ両面を焼く。

3 ふたを開け、ホットサンドメーカーに接するパイシートの面を変えて、弱火で片面4分ずつ両面をさらに焼く。

POINT

包む作業の途中でパイシートがだれてきてしまったら、冷蔵庫で少し冷やします。

《焼き方》

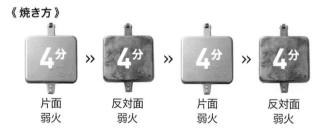

4分	»	4分	»	4分	»	4分
片面 弱火		反対面 弱火		片面 弱火		反対面 弱火

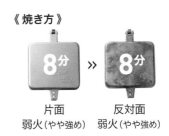

アツアツ&サクサクのパイ生地がカレーを包み込む

カレーパイ

【材料】(1人分)
冷凍パイシート (20×20cm) … 1枚
カレー … 大さじ4
ピザ用チーズ … 大さじ2
(または、とろけるスライスチーズ … 1枚)

【作り方】
1 パイシートの中央にカレーをのせてチーズを散らし、ホットサンドメーカーにちょうど入るように、パイシートの四隅を中心に向けてたたむ。
2 ホットサンドメーカーに何も塗らないで1のパイを直接入れて、弱火で返しながら8分ずつ焼く。

POINT
中のカレーが流れ出やすいので、ナイフとフォークで食べるのをおすすめします。

《 焼き方 》

8分 » **8分**

片面
弱火(やや強め)

反対面
弱火(やや強め)

店の人気メニューを簡単に再現

じゃがいものガレット

【材料】(1人分)
じゃがいも … 1個
にんにく … 1/4片
無塩バター … 5g
オリーブオイル … 小さじ1
塩(あれば、フルール・ド・セル) … 少々

【作り方】
1 じゃがいもは、皮をむいてせん切りにする。ニンニクもせん切りにして、じゃがいもと混ぜる。
2 ホットサンドメーカーの片側の内側にバターを塗り、1をのせて平らにし、8分焼く。
3 ホットサンドメーカーを返して開け、オリーブオイルをじゃがいもの縁にひとまわりかけ、反対面をさらに8分焼いて、焼き色がついたら塩を振りかける。

POINT
《西荻ヒュッテ》の人気メニューの簡易版です。塩だけの味つけで十分ですが、使用する塩はできればフルール・ド・セルをおすすめします。

《 焼き方 》

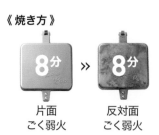

| 片面 | 反対面 |
| ごく弱火 | ごく弱火 |

失敗なしに焼けて、ひっくり返しも簡単

ハンバーグ

【材料】(2人分)

合びき肉 … 200g

A たまねぎ (すりおろし) … 1/8個分
　 たまねぎ (みじん切り) … 1/8個分
　 おろしにんにく … 1/2片分
　 生パン粉 … 10g
　 牛乳 … 大さじ2
　 砂糖 … 小さじ2/3
　 こしょう … 少々

日本酒 … 小さじ2

ブロッコリー … 適量 (小房に分ける)

【作り方】

1 よく冷やした合びき肉に塩・小さじ1/2弱 (分量外) を入れ、粘りが出るまで手早く混ぜ、Aを加えて、ざっと混ぜる。

2 手にサラダ油・少々 (分量外) を塗り、1のタネを2等分にして成形し、割れめができないように表面をなめらかに整える。

3 ホットサンドメーカーの内側にサラダ油 (適量/分量外) を塗り、2のタネを1個入れて片面3分焼き、返してふたを開け、隙間にブロッコリーの半量をのせて、ふたをしてさらに3分焼く。

4 もう一度、返してふたを開け、日本酒の半量を入れてふたをし、さらに1分焼いて、焼きあがったら、ブロッコリーに塩 (少々/分量外) を振る。

5 同じ要領で、もう1個分のタネとブロッコリーを焼く。

POINT

しっかり下味がついているので、そのままでも食べられますが、ケチャップや好みのソースをつけても。

《 焼き方 》

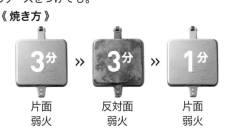

3分	3分	1分
片面 弱火	反対面 弱火	片面 弱火

簡単に焼けて、皮もパリッ!

チキンソテー

【材料】(2人分)
鶏もも肉 … 1/2枚
A にんにく … 1/2片 (つぶす)
　 ローズマリーの葉 (みじん切り)
　 … 5cm分
　 オリーブオイル … 大さじ1
　 塩 … 小さじ1/4
ローズマリー … 1枚
れんこん (皮つき)
　 … 3cmの6〜8等分を4切れ

【作り方】
1 鶏もも肉の余分な脂をそぎ取り、Aと一緒にポリ袋に入れて、よく揉み込み、冷蔵庫で1時間以上休ませる。
2 ホットサンドメーカーに何も塗らないで1の鶏肉を皮目を下にして入れ、ローズマリーの枝をのせて、4分焼く。
3 ホットサンドメーカーを開け、隙間にれんこんをのせて、さらに2分焼く。
4 返して3分焼き、皮の焼き色を確かめて火を止め、全体に少々の塩・こしょう(分量外)を振りかける。
　 (皮の焼き色が薄い場合は、様子を見ながら焼き続ける)

POINT
塩は、フルール・ド・セルをおすすめします。
一緒に焼く野菜は、他のものでもOKです。

《焼き方》

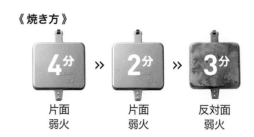

4分	2分	3分
片面 弱火	片面 弱火	反対面 弱火

和風のピザをトースター不使用で

もちピザ

【材料】(1人分)

スライスもち … 4枚

マヨネーズ … 小さじ1

練りわさび … チューブ2cm分

ピザ用チーズ … 大さじ2

しらす … 大さじ1

長ねぎ(斜め薄切り)

… 5cm分(水にさらして水けを切る)

万能ねぎ(小口切り) … 適量

刻み海苔 … 少々

【作り方】

1 ホットサンドメーカーの内側にサラダ油(適量/分量外)を塗り、全面にスライスもちを並べて、2分焼く。

2 ホットサンドメーカーを返して開け、もちの上にマヨネーズ、わさびを塗って、チーズ、長ねぎを散らし、チーズが溶けるまで3分焼く。

3 仕上げに、しらす、万能ネギ、刻み海苔をのせる。

POINT

もちを並べるときは、多少重なってもOKです。

市販のピザソースを使って、洋風に仕上げても美味。

《 焼き方 》

片面
弱火

反対面
弱火

新スタイルは、炒めないから、ラク!

ゴーヤーチャンプルー

【材料】(1人分)

ラード … チューブ5cm分

ポークランチョンミート (4×1×1cm)
… 8切れ

ゴーヤー (わたを取り、縦に半分に切って
5mm幅の薄切り) … 1/8本分

木綿豆腐 (4×5×1cmを水切りしたもの)
… 4枚

卵 … 1個

A 和風だしの素 … 小さじ1/2
　　塩 … ひとつまみ　こしょう … 少々
　　醤油 … 小さじ1/4

かつおぶし … 適量

【作り方】

1 ホットサンドメーカーの内側にラードを塗り、ランチョンミートを縁に沿って並べ、中央に豆腐を置き、ホットサンドメーカーを閉じて、弱火で4分ほど焼き色がつくまで焼く。

2 卵にAを混ぜ、ホットサンドメーカーを返して開けて流す。上にゴーヤーをのせ、閉じて2分焼く。

3 もう一度ホットサンドメーカーを返して、1分焼き、器に盛ったらかつおぶしをかける。

POINT

ラードがなければ、サラダ油を使用します。
卵の火入れ加減は好みで調整してください。
半熟もよいですが、お弁当用ならしっかりと焼きましょう。

《 焼き方 》

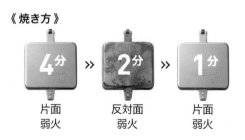

4分	2分	1分
片面 弱火	反対面 弱火	片面 弱火

揚げたものよりヘルシーで、餃子に近い仕上がりに

焼き春巻

【材料】(1人分)

春巻の皮 … 1枚
あん（下記を混ぜ合わせたもの）… 大さじ3
※豚ひき肉 … 150g
　しいたけ（粗みじん切り）… 1個分
　おろししょうが … 小さじ1
　ごま油 … 小さじ1
　オイスターソース … 小さじ1/2
　片栗粉 … 大さじ1
もやし … 1つかみ

【作り方】

1 ホットサンドメーカーの内側にごま油（適量/分量外）を塗って春巻の皮を広げ、中央に春巻のあんを置いて、もやしをのせ、皮の四隅を中心に向けてたたんで、弱火で片面4分程度ずつ焼く。

POINT

餃子のあんを包んで焼いてもOK。
適量の醤油・酢・練りからしを合わせたタレでどうぞ。

《 焼き方 》

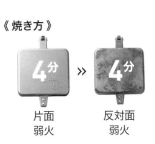

4分 》 4分

片面
弱火 反対面
弱火

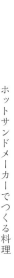

四角く焼いて、ひっくり返しの失敗が防げる

お好み焼き

【材料】(1人分)
お好み焼き粉(市販品) … 1枚分
水、卵 … 各袋の表示どおりの量
キャベツ、長ねぎ、天かす、紅しょうが
(粗みじん切り) … 各適量
豚バラ肉(8cm長さ) … 2〜3枚
好みのソース、マヨネーズ … 各適量
青のり、かつおぶし … 各適量

【作り方】
1 お好み焼き粉に水、卵を混ぜ、その他の生地の材料を加えて混ぜる。
2 ホットサンドメーカーの内側にサラダ油・少々(分量外)を塗り、豚バラ肉を並べて1の生地を流し、弱火で片面4分程度ずつ焼く。
3 焼き上がったら、ソースとマヨネーズをしぼり、青のりとかつおぶしをかける。

POINT
豚バラ肉のほか、具材をアレンジして楽しんで。
大葉やチーズを入れても美味。

《焼き方》

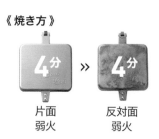

4分 » 4分

片面
弱火

反対面
弱火

発見！ インスタントラーメンが別の料理に

焼きラーメン

【材料】(2人分)

インスタントラーメン (塩とんこつ味)
… 1袋(粉末スープは、小さじ1・1/2使用)
キャベツ (ざく切り) … 1つかみ弱
もやし … 1つかみ弱
サラダ油 … 小さじ2
紅しょうが (せん切り) … 適量
すりごま … 少々

【作り方】

1 インスタントラーメンの麺と熱湯・1/2カップ (分量外) をホットサンドメーカーに入れて、弱火で3分焼き、キャベツともやしをのせる。

2 熱湯・1/4カップ (分量外) に付属の粉末スープ、サラダ油を入れてよく混ぜ、半量を**1**にかけてさらに同じ面を2分焼く。

3 ホットサンドメーカーを開け、水分がなくなっていたら、返して残りのスープをかけて、2分ほど焼き、全体を混ぜて、紅しょうが、すりごまを散らす。

POINT

ホットサンドメーカーを返すときに水分が残っていると漏れてきてしまうので、きちんと中を確認しましょう。まだ水分が残っていたら、焼き時間を少し延長します。ここでは、塩とんこつ味を使いましたが、ほかの味でも美味しいです。

《 焼き方 》

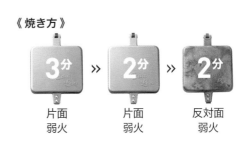

3分	2分	2分
片面弱火	片面弱火	反対面弱火

ダブルタイプで時間短縮。洗い物もラク!

目玉焼きソーセージ

【材料】(1人分)
ソーセージ … 3本
卵 … 1個
塩、こしょう … 各少々

【作り方】

1 ダブルのホットサンドメーカーの片側のポケットにソーセージを並べ、弱火(強め)で2分焼く。
2 ホットサンドメーカー返して開け、空いているポケットにサラダ油・少々(分量外)を塗り、卵を割り入れて弱火で2分半ほど焼く。
3 焼き上がったら、2の目玉焼きに塩、こしょうを振る。

POINT

ダブルのホットサンドメーカーは、
異なる食材を一度に調理できて便利。
朝食やお弁当を作るのに重宝します。

《 焼き方 》

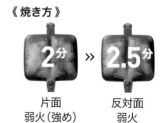

2分	≫	2.5分
片面 弱火(強め)		反対面 弱火

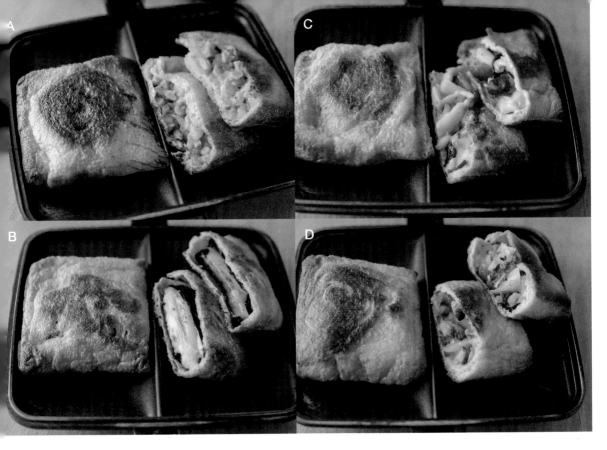

油揚げは便利！ おやつ＆おつまみが簡単にできる

4種のきつね焼き

【作り方（共通）】

1 油揚げ（1枚）を半分に切って袋にし、A〜Dの具材をそれぞれ半量ずつ詰めて、
弱火で片面4分ずつ焼く。

A. 味噌納豆

納豆（1パック）、たまねぎ（みじん切り/大さじ1）、味噌
（大さじ1）、砂糖（小さじ1）を混ぜ合わせる。

B. もちチーズ

焼き海苔（5×10cm/2枚）に、練りわさび（少々）を塗
ってそれぞれ半分にたたみ、とろけるスライスチーズ
（1枚を1/2に切り、半分にたたむ）と一緒に、スライス
もち（2枚）を半分に切って上下にはさむ。

C. きのこチーズ

きのこ1種〜数種（適量）をオリーブオイルとみじん切
りのにんにく（各適量）で炒めて、塩・こしょう（各適
量）で味つけし、冷ます。ピザ用チーズ（大さじ2）、大
葉（1枚ずつ）も加える。

D. コンビーフキャベツ

コンビーフ（大さじ1）、キャベツ（ざく切り/ひとつかみ）、
プロセスチーズ（1cm角/大さじ2）、ミックスナッツ（粗
みじん切り/大さじ1）、オリーブオイル（小さじ2）、こし
ょう（たっぷり）を混ぜる。

《 焼き方 》

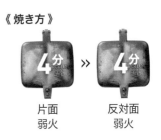

片面　　　　　　反対面
弱火　　　　　　弱火

茶そばの焦げめがおいしい郷土料理

瓦そば風

【材料】（1人分）

❖ 牛肉の甘辛炒め（作り方は右下の❖を参照）
　…50g

麺つゆ（ストレートタイプ）… 適量

茶そば（乾麺）… 80g

錦糸卵 … 卵1個分

小ねぎ（小口切り）… 大さじ1

刻み海苔 … 少々

レモンの輪切り … 1枚

一味とうがらし … 少々

大根おろし … 大さじ1

【作り方】

1 「牛肉の甘辛炒め」を作り、麺つゆを温めておく。

2 茶そばを袋の表示時間どおりゆで、冷水にとって水けを切り、サラダ油（少々/分量外）をからめ、フライパンで軽く炒めて温める。

3 ホットサンドメーカーの内側にサラダ油（分量外）を塗り、2の茶そばを入れて中火で片面2分ずつ焼く。表面に少し焦げめがついたら火を止めて、牛肉の甘辛炒め、錦糸卵、小ねぎ、刻み海苔をのせる。

4 1の麺つゆと、レモン、一味とうがらしをかけた大根おろしを添える。

POINT

瓦そばは、山口県下関市の郷土料理。
牛肉は甘辛炒めにしないで塩だけで味をつけても◎。

【❖ [牛肉の甘辛炒め] のレシピ】

◎ 材料（作りやすい分量）
牛肉（切り落とし）… 150g
みりん・醤油・砂糖 … 各大さじ1

◎作り方
フライパンにサラダ油・適量（分量外）をひき、牛肉を炒めて調味料を加え、汁けがなくなるまで炒める。

《 焼き方 》

片面　　　　反対面
中火　　　　中火

有名店の看板料理が簡単に作れる！

あん入り焼きそば

【材料】（1人分）
中華麺（焼きそば用）… 1玉
オイスターソース … 小さじ1・1/2
ごま油 … 小さじ1
こしょう … 少々
中華丼の素（レトルト）… 大さじ4
長ねぎ（斜め薄切り）
… 5cm分を斜めにスライス

【作り方】
1 中華麺は、電子レンジで40秒ほど加熱し、オイスターソース、ごま油、こしょうをからめる。
2 ホットサンドメーカーの内側にごま油（分量外）を塗って、**1**の麺の半量を広げ、中華丼の素と長ねぎの半量を中心にのせて、残りの麺をかぶせ、中火で片面4分ずつ焼く。
3 皿に移し、残りの長ねぎをトッピングする。

POINT
食べるときは、ほぐしながら。練りからしや酢を添えても◎。
あんは、麻婆豆腐やチンジャオロースーなど、中華風なら何でも合います。

《 焼き方 》

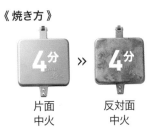

片面　　　反対面
中火　　　中火

焦がしバターの使用でグレードアップ

フレンチトースト

【材料】(2人分)

卵液
　　バター … 10g
　　牛乳 … 75ml
　　生クリーム(乳脂肪35%) … 75ml
　　卵 … 3個
　　グラニュー糖 … 45g
食パン(4枚切り) … 2枚
バター(1人分につき) … 10g

【作り方】

1 小鍋で卵液用のバターを焦がし、牛乳、生クリームを合わせて、沸騰する直前まで温める。

2 ボウルに卵とグラニュー糖を入れてよく混ぜ、1を少しずつ加えて混ぜて卵液を作る。

3 食パンの耳を落とし、レンジで20秒加熱した2の卵液に浸し、ラップをして一晩冷蔵庫で休ませる。

4 バターの半量をホットサンドメーカーの内側に塗り、3の食パン1枚を弱火で片面4分ずつ焼き、残りのバターをのせて、粉砂糖・適量(分量外)を振るう。

5 4と同じ要領で、もう1枚の食パンも焼いて仕上げる。

POINT

メープルシロップやフルーツなどと一緒にどうぞ。
切り落としたパンの耳も、卵液に浸して焼いても美味。

《 焼き方 》

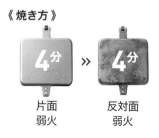

片面　　　　　反対面
弱火　　　　　弱火

シナモンとバターの香りを楽しむ

シナモンバタートースト

【材料】（1人分）
バター … 10g（好みの量）
グラニュー糖 … 10g
シナモンパウダー … 少々
食パン（8枚切り）… 2枚

【作り方】
1 食パン1枚にバターをのせ、半量のグラニュー糖とシナモンを振りかけて、もう1枚のパンをかぶせる。
2 ホットサンドメーカーの内側にバター（あれば無塩）をたっぷり塗り、片面に残りのグラニュー糖を振って、その面に1の食パンを置き、弱火で片面3分ずつ焼く。

POINT
焼き上がりの目安は、グラニュー糖が溶けて、
食パンの表面にツヤが出たら完成。
レーズンパンで作るのもおすすめです。

《 焼き方 》

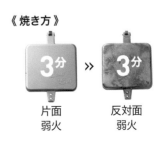

片面
弱火
反対面
弱火

ひと味違う焼き菓子に大変身！

焼き大福

【 材料と作り方 】（1個分）
ホットサンドメーカーの内側にサラダ油
（適量）を塗り、大福（1個）に片栗粉（少々）
を薄くまぶして、片面だけ弱火で3分焼く。

POINT

取り出すのは、手で持てるぐらい冷めてか
ら。焼きあがった大福と湯（大福と同量が
目安）を器に入れて、よくかき混ぜればお
汁粉風にも。

《 焼き方 》

3分

片面
弱火

こんなに簡単にできてびっくり！

焼き栗

【 材料と作り方 】（1回分）
生栗の硬いところに包丁で深めに切れめ
を入れて、ホットサンドメーカーに適量を
並べて焼く。皮に焦げめがついて、切れめ
が広がってきたら食べごろに。

POINT

焼きすぎると栗が破裂するので注意。
冷めると身が皮から外れにくくなるので、
熱いうちに皮をむくか、スプーンでくり抜
きながら楽しんで。

《 焼き方 》

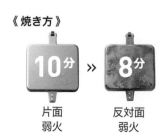

10分 ≫ **8分**

片面　　　　反対面
弱火　　　　弱火

ほんのり甘い生地とチーズが生きる

今川焼き風・チーズ

【材料と作り方】（1人分）

ダブルのホットサンドメーカーの内側にバター（適量）を塗り、生地（大さじ2ずつ）を流し入れて1分半焼く。ホットサンドメーカーを開けてプロセスチーズ（1×8cm/1本ずつ）と、マヨネーズ（小さじ1/2ずつ）をのせて、生地（大さじ1ずつ）を流して反対面を3分焼く。返してさらに2分焼く。

※生地は、ホットケーキミックス粉（200g）、牛乳（180ml）、卵（1個）、はちみつ（大さじ2）、砂糖（大さじ1）、塩（ひとつまみ）を合わせて混ぜる。

POINT

プロセスチーズでなく、ストリングチーズを使えば、“のびるチーズ”の今川焼き風になります。

《焼き方》

 1.5分 » 3分 » 2分

片面　　　　反対面　　　片面
弱火　　　　弱火　　　　弱火

焼きたて！それだけで美味

今川焼き風・小豆あん

【材料と作り方】（1人分）

ダブルのホットサンドメーカーの内側にバター（適量）を塗り、生地（大さじ2ずつ）を流し入れて1分半焼く。ホットサンドメーカーを開けて小豆あん（大さじ1ずつ）をのせて、生地（大さじ1ずつ）をあんにかけるように注いで反対面を3分焼く。返してさらに2分焼く。

※生地は、ホットケーキミックス粉（200g）、牛乳（180ml）、卵（1個）、はちみつ（大さじ2）、砂糖（大さじ1）、塩（ひとつまみ）を合わせて混ぜる。

POINT

焼き上がりは、指で軽く押してみて、返ってくるようになることを確かめて。

《焼き方》

 1.5分 » 3分 » 2分

片面　　　　反対面　　　片面
弱火　　　　弱火　　　　弱火

監修	西荻ヒュッテ	
レシピ	幕田美里	
編集協力	長内研二	
撮影協力	福田雪	
「山の箸置き」制作	渡辺康夫	

STAFF

制作協力	FILE Publications, inc.
構成	駒崎さかえ（FPI）
撮影	矢野宗利
	松木潤（主婦の友社）
原稿	志村京子
	佐々木えりこ
校正	東京出版サービスセンター
DTP	田中滉（Take Four）
編集	中川通（主婦の友社）
編集デスク	町野慶美（主婦の友社）

ホットサンドメーカー（バウルー）
撮影協力　イタリア商事
https://www.italia-shoji.co.jp/bawloo.html

西荻ヒュッテ

西荻窪の横丁にある、山小屋バル。アウトドアの調理器具や旬の食材を使い、美味しく楽しい料理とお酒をお届けしています。

昼にオープンしていた「ホットサンド・ブランチ」では、200種類以上のホットサンドを「定食」として提供。和洋中、食材の組み合わせも楽しい、西荻ヒュッテのホットサンドメーカーレシピを、キャンプ、おうち、どこででもお楽しみください。

レシピ：幕田美里

ホットサンドメーカーに
はさんで焼くだけレシピ

2021年2月28日　第1刷発行

編　者	主婦の友社
発行者	平野健一
発行所	株式会社 主婦の友社
	〒141-0021
	東京都品川区上大崎 3-1-1
	目黒セントラルスクエア
	電話 03-5280-7537（編集）
	03-5280-7551（販売）
印刷所	大日本印刷株式会社

© Shufunotomo Co., Ltd. 2021 Printed in Japan ISBN978-4-07-447066-2